Hazel Schmoll

Colorado Botanist

Hazel Schmoll

Colorado Botanist

by Penny Cunningham

Filter Press, LLC
Palmer Lake, Colorado

Hazel Schmoll
by Penny Cunningham

To my father, Gerry Cunningham, who gave me
my love of the mountains.
To my mother, Ann Cunningham, who introduced me to many
independent mountain women, past and present.

ISBN: 978-0-86541-175-3
LCCN: 2013947117

Produced with the support of Colorado Humanities and the National
Endowment for the Humanities. Any views, findings, conclusions,
or recommendations expressed in this publication do not necessarily
represent those of the National Endowment for the Humanities or
Colorado Humanities.

Cover photo courtesy Boulder Historical Society Collection of Carnegie
Branch Library for Local History

Printed in the United States of America

Published by Filter Press, LLC, in cooperation with
Denver Public Schools and Colorado Humanities

Great Lives in Colorado History

Augusta Tabor by Diane Major
Barney Ford by Jamie Trumbull
Benjamin Lindsey by Gretchen Allgeier
Bill Hosokawa by Steve Walsh
Charles Boettcher by Grace Zirkelbach
Chief Ouray by Steve Walsh
Chin Lin Sou by Janet Taggert
Clara Brown by Suzanne Frachetti
Doc Susie by Penny Cunningham
Elbridge Gerry by Jennifer L. Buck
Emily Griffith by Emily C. Post
Enos Mills by Steve Walsh
Fannie Mae Duncan by Angela Dire
Felipe and Dolores Baca by E. E. Duncan
Florence Sabin by Stacey Simmons
Frances Wisebart Jacobs by Martha Biery
Hazel Schmoll by Penny Cunningham
Helen Hunt Jackson by E. E. Duncan
Kate Slaughterback by Lindsay McNatt
Katharine Lee Bates by Monique Cooper-Sload
John Dyer by Jane A. Eaton
John Routt by Rhonda Rau
John Wesley Powell by Suzanne Curtis
Josephine Aspinwall Roche by Martha Biery
Justina Ford by K. A. Anadiotis
Little Raven by Cat DeRose
Otto Mears by Grace Zirkelbach
Ralph Carr by E. E. Duncan
Richard Russell by Christine Winn
Robert Speer by Stacy Turnbull
Rodolfo "Corky" Gonzales by Jorge-Ayn Riley
William Bent by Cheryl Beckwith
Zebulon Montgomery Pike by Steve Walsh

Contents

The Woman Who Loved Wildflowers .   1

Life in a Mining Camp.   2

A Good Education   8

Rights for Women 12

The Colorado Columbine 16

Range View Ranch. 20

Questions to Think About 23

Questions for Young Chautauquans . 23

Glossary. 24

Timeline. 27

Bibliography. 29

Index 30

About This Series 31

Acknowledgments 33

About the Author. 35

Hazel Marguerite Schmoll, 1890–1990

Hazel used a microscope and botany books to identify the plants she collected. She identified more than 10,000 plants while she worked as a botanist at the Colorado State Museum.

The Woman Who Loved Wildflowers

Hazel Schmoll loved the beautiful wildflowers of Colorado so much that she spent her life learning about them and teaching others about them. She was a **nature guide**, a college professor, a **botanist**, and the owner of a mountain **guest ranch**. "People need some places where they can get away from the crowds and be refreshed by nature," she said. She believed that spending time in nature made people more gentle and kind. One of her most important contributions to Colorado was protecting the columbine. People loved the **lavender** and white flowers so much that they picked them by the armload. Soon the flowers were disappearing from the mountain meadows and hillsides. Hazel helped pass a law that protected them from being destroyed.

Life in a Mining Camp

In 1892, when Hazel was two years old, her parents followed the **gold rush** from a **homestead** on the Kansas prairie to the busy mountain town of Ward, Colorado. Whistles from the 52 mines blew three times a day to call the men to work. The miners dug millions of dollars worth of gold out of the hills. Cows, pigs, and donkeys wandered through the streets. The town of Ward had five hotels, three restaurants, two churches, a school, and the McClelland Opera House, which had weekly dances and traveling shows.

Hazel's father worked for one month in the mines before he decided he would rather spend his life outdoors than underground. He opened a **livery stable**, which soon had 16 horses and several **buggies**. He rented the horses and buggies to anyone who needed them. He also earned money delivering supplies to the homesteads and ranches around Ward.

In 1898 the railroad came to Ward. Hazel never forgot the sound of the whistle as the first train came around the bend and pulled into the station. The train made it easy for **tourists** to get from the plains to the mountains. Hazel's father used his horses and buggies to take tourists to their hotels and guest ranches. Sometimes the tourists hired him to take them on horseback to the peaceful lakes and valleys near the busy mining town. Because he knew the mountains so well, he often helped rescue lost or injured hikers.

Hazel did not think anyone could have a better childhood than hers. She and the other children of Ward were too busy to be bored. They loved to pick **huckleberries** and tiny strawberries that grew on the hillsides. They looked through the piles of discarded rocks from the mines for colorful pieces to sell to tourists. Hazel liked to cook and sew. She also enjoyed music. She played the piano, and she loved to dance. "The rhythm of dancing gives one a grace that nothing else can," she said. At school, the students danced during recess, and the town held weekly square dances.

From the time she was four years old, Hazel helped her family earn money by selling milk from their cow to the neighbors. The neighbors bought milk tickets from Hazel's mother. Hazel delivered the milk twice a day in small metal buckets and collected the tickets. She did this job all through her childhood.

Hazel and her mother often rode their beautiful spotted ponies with her father on his deliveries. Hazel's friendly black dog sat on the saddle in front of her. On these rides, her father taught her about the wildflowers they saw. The most important thing he taught her was to observe carefully the smallest details about the plants and to take notes like a scientist. Some of the tourists who came to Ward were botanists. Botanists are scientists

*Eleven-year-old Hazel and Dimple, her pony, get ready for
a ride with Hazel's mother. Most girls wore dresses when
this photograph was made in 1901. Hazel wore pants to
ride Dimple.*

who study plants. Hazel followed them
around, asking them questions and learning
from them.

Sometimes Hazel's mother packed a lunch
for her, and Hazel would ride off on her pony
by herself. She knew a special place where a
tree had fallen across the creek. "I'd crawl out
on that and eat my lunch and have a tin cup
with which I could dip down and get a drink
of water. That was the favorite thing that I
used to do."

On January 23, 1900, when Hazel was nine years old, a raging fire destroyed most of the town of Ward. The next morning, smoking piles of charred wood lay where homes and businesses had been filled with busy people the day before. Only the churches, the school, and a few buildings at the edge of town were left standing. When it rained, ashes from the fire washed down the canyon all the way to Boulder. The people of Boulder sent a trainload of food and supplies to help out. The people of Ward got to work rebuilding the town.

Mr. Schmoll's livery stable burned to the ground. During the fire, the terrified horses tried to run back inside the stable because that was where they felt safe. Eventually, the horses were all herded to a safe place. Hazel's family was lucky. Her father was a good businessman and had saved enough money to rebuild his livery stable. He continued to have many customers. Even after most of the gold was gone and the mines closed, tourists still arrived at the train station. They needed rides to the guest ranches and a guide to show them the wonders of the Rocky Mountains.

The town of Ward, Colorado, looked much like this when the Schmoll family moved there in 1892.

A Good Education

Hazel's mother wanted her daughter to get a good education. In 1900 the Ward school had 64 students in grades one through eight. Small towns often had teachers who did not have college educations. The people of Ward were proud to have Professor H. O. Robbins, a college graduate, as one of two teachers for their children. Later, when Hazel went to college, she met students from many places. She realized that she had learned much more about **grammar** and **geography** from Professor Robbins in her small mountain school than some other students had in their big city schools.

Hazel graduated from eighth grade in 1904. Like most small towns, Ward did not have a high school. Students had to travel up and down Left Hand Canyon to attend the

Hazel and the other girls in her class wore white dresses and carried wildflowers for their graduation from Ward school in 1904.

☞ *Hazel Schmoll* 9

high school in Boulder. Hazel graduated from high school in 1909.

Hazel's mother worked hard sewing for other people to earn extra money to pay for Hazel's college education. Hazel was accepted at the University of Colorado in Boulder. She enjoyed being around interesting people who shared her love of learning. She knew much about flowers and how to make scientific observations. This made botany, which is the study of plants, a perfect choice for her college studies. She also studied education so she could teach others about nature. She received her degree from the University of Colorado in 1913.

Hazel applied for a job teaching at Vassar College, all the way across the country in New York. Vassar hired only the best teachers, so she was pleased when she got the job. Like many teachers, she never stopped studying and learning. During her four years at Vassar, she took classes and heard talks by many of the world's best scientists, artists, and authors. She joined the Wake Robin Club, a group that enjoyed studying nature.

Hazel left Vassar for the University of Chicago, where she studied a new kind of science called ecological botany, which is the study of plants in their natural environment. In 1919 she earned her master's degree in ecological botany. In 1925 she traveled to Europe to visit many famous **botanical gardens** and to learn about the plants that grew in Europe. Then she returned to study even more at the University of Chicago. In 1932 she became the first woman to earn a **doctorate** in ecological botany there. She had now received the highest college degree possible, but Hazel knew that she would never stop learning about plants and wildflowers.

Rights for Women

In the early 1900s, women were expected to dress and behave in certain ways. They had to always wear dresses. When they rode horses, they used sidesaddles, special saddles that kept both their legs on the same side of the horse. Even if they went to college, they were not expected to get jobs. Instead, women were expected to marry and spend their lives taking care of their families and homes.

The **pioneer** women who came west followed many of these rules. However, life was different in these rough new towns. Women often felt free to do things that would not be accepted in the more settled eastern states. Hazel wore dresses, but she also wore pants and used a regular saddle to ride her pony. Livery stable owners like her father realized that sidesaddles were bad for the horses' backs. They encouraged women to wear split skirts or pants and use regular saddles. Hazel's aunt, Emma Fairhurst, was an example of a woman who worked outside her home. She was a businesswoman who built and ran the well-known Columbia Hotel in Ward. Women in Colorado also had the right to vote before women in the eastern states did. In 1893 Colorado became the second state to allow women to vote.

When Hazel went to New York to teach at Vassar College, she realized that the freedom she enjoyed in Colorado had not spread through the whole country. The women at Vassar **envied** her because she voted in an election in Colorado. In New York, she helped the Vassar students go from house to house talking to people about the importance of giving women the right to vote. Many people were shocked because the women sometimes wore pants instead of dresses. Years later, on August 26, 1920, the 19th Amendment to the U.S. **Constitution** was passed. It gave women all over the United States the right to vote.

After Hazel earned her master's degree in 1919, she returned to Colorado and was hired as the Colorado state botanist. She was no longer teaching, but she used her knowledge of botany in many other ways. At the Colorado State Museum, she identified and displayed a collection of more than 10,000 plants. When the museum closed, these plants were sent to the University of Colorado and Colorado State University, where scientists still use them.

One job of a botanist is to identify all the plants that grow in an area, which is called a survey. Hazel had done a survey of a forest in Illinois as a requirement for her master's degree. She used this experience to survey two areas in Colorado: Chimney Rock National Monument in 1924 and Mesa Verde National Park in 1925. While she was working on the Mesa Verde National Park survey, she discovered a feathery green plant with creamy white flowers. It was given the **scientific name**

Astragalus schmolliae in her honor. (Look carefully to find Hazel's last name hidden in the name of the plant.)

Hazel was very good at her job. However, some people did not think women should have jobs as scientists. At first, some men she worked with were unkind. Once, she became so upset that she missed a week of work. She spent the time at her father's ranch near Ward. The beauty of the mountains gave her the strength to return to work. In the end, her knowledge and hard work earned the respect of everyone. She was listed in the book, *American Men of Science.* The title of the book shows that women were not expected to be important scientists.

The Colorado Columbine

April 17, 1891, was Arbor Day, a day set aside every year to celebrate trees and nature. In Colorado the activities included a contest for schoolchildren to choose a state flower. The lavender and white columbine won easily with 15,000 votes. Cactus came in a distant second place with only 1,027 votes. Everyone knew the columbine had been chosen, but the lawmakers forgot to make it official by passing a law. Eight years later, in 1899, a women's club noticed the problem and talked to a state senator. He made sure the legislature passed a law about the columbine, and Colorado finally had an official state flower.

Because columbines were so beautiful and easy to find, people sometimes picked great armfuls to take home. They often pulled up the plants by the roots, which destroyed the plants. People loved the columbine, but they did not stop to think that if they picked too many, the plant might become **extinct**. In the summer of 1911, for example, a trainload of people picked 25,000 columbines near the town of Silverton. The people brought the flowers back to Denver to decorate for a big convention.

Hazel noticed that each year, fewer and fewer columbines grew back. She belonged to the Colorado Mountain Club, a group of people who loved to hike and camp in the mountains. The club had a Nature Protection Committee, which taught people how to enjoy nature without destroying it. When the Mountain Club decided to work to have a law passed to protect the columbine, they chose Hazel to lead the effort. Not only was she an expert on Colorado plants, but she also worked across the street from the state **capitol** and could easily talk to the lawmakers.

It took several years, but in 1925 the law passed, making it "the duty of all citizens of

In 1899 the lavender and white columbine was named Colorado's state flower. Years later Hazel helped pass laws to protect the columbines growing wild in Colorado.

this state to protect the white and lavender Columbine ... from needless destruction or waste." Anyone who does not obey this law has to pay a fine. The law worked. The sunny meadows and mountainsides of Colorado are still covered with columbines.

Range View Ranch

In her years of researching plants, Hazel added to the scientific knowledge of Colorado. Now she decided to share her knowledge and love of botany in a different way. In 1938 she built Range View Ranch, a guest ranch, on one of the pieces of property her father owned. Guests at the ranch roamed meadows with sweeping views of the Indian Peaks mountain range. They hiked through the willows up South St. Vrain Creek to pick raspberries and visit with the neighbors. Best of all, the guests got to ride on horseback into the high country with Hazel. She helped them see plants and animals that they would have missed without her expert help, and she answered all their questions.

Every winter Hazel stayed in her house in Ward, near the school that she attended as a child. During World War II, she even taught in the school, and she was on the school board for many years. She made sure that the children of Ward got just as good an education as children anywhere.

She ran the guest ranch until she retired in 1972 and spent most of her time roaming the mountains or sitting on the sunporch of her house in Ward. Until her death at age 99, she never stopped sharing her knowledge and love of the mountains with anyone who came by to visit. Her life made a difference to many people in Colorado. She helped the guests at Range View Ranch learn about the mountains and the wildflowers. Scientists still study the plants she preserved while working for the Colorado State Museum. The University of Colorado provides botany students with money for their research through the Hazel Schmoll Research **Fellowship** in Colorado Botany. Most importantly, rocky hillsides are covered with the lavender and white Colorado columbine because of her efforts.

At age 85, Hazel enjoyed finding wildflowers growing on her land near Ward.

Questions to Think About

- What were some things Hazel Schmoll was able to do that women in other parts of the country were not allowed to do?

- What other ways did Hazel learn about plants besides going to school?

- Do you agree with Hazel when she said, "People need some places where they can get away from the crowds and be refreshed by nature"? Why or why not?

Questions for Young Chautauquans

- Why am I (or should I be) remembered in history?

- What hardships did I face, and how did I overcome them?

- What is my historical context (what else was going on in my time)?

Glossary

Botanical gardens: large public gardens where plants are grown and studied.

Botanist: a scientist who studies plants.

Buggies: light vehicles that are pulled by one horse and used to carry people.

Capitol: the building where lawmakers meet.

Constitution: a document that states the basic beliefs and laws of a nation, state, or social group.

Doctorate: the highest academic degree given to a student by a college or university.

Envied: wanted to have what someone else has.

Extinct: no longer found alive.

Fellowship: money given to a university student to do scientific research.

Geography: the study of Earth's people, land, climate, and resources.

Gold rush: a time when many people suddenly move to a new place after gold is discovered, hoping to get rich. Famous gold rushes in the United States include the California gold rush of 1849, the Pikes Peak gold rush of 1858, and the Klondike gold rush of 1897 in Alaska.

Grammar: the rules about how to use words correctly in writing and speaking.

Guest ranch: a ranch where people pay to stay and spend time.

Homestead: a piece of U.S. public land that is given to a settler who has lived on and farmed the land for a few years.

Huckleberries: small wild blueberries.

Lavender: a light purple color.

Livery stable: a place where people rent horses and horse-drawn vehicles.

Nature guide: a person who helps visitors explore natural areas to learn about an environment.

Pioneer: someone who is among the first people from other countries or regions to explore or settle new areas.

Scientific name: a unique Latin or Greek name that scientists give to a plant or animal. The scientific name for the Colorado blue columbine is *Aquilegia coerulea*.

Tourists: people who travel to a place for a vacation.

Timeline

1890
Hazel Marguerite Schmoll
was born August 23.

1891
The Colorado columbine
was named the state flower.

1892
Hazel's family
moved to Colorado.

1898
The railroad came
to Ward.

1900
Most of the town of
Ward burned down.

1904
Hazel graduated from eighth
grade at the Ward school.

1909
Hazel graduated from
high school.

1913
Hazel graduated from the
University of Colorado and
began teaching and studying
at Vassar College.

☞ *Hazel Schmoll* 27

Timeline

1919
Hazel received her master's degree from the University of Chicago and began working at the Colorado State Museum.

1920
The 19th Amendment giving women the right to vote became law.

1924
Hazel surveyed the plants near Chimney Rock National Monument.

1925
Hazel surveyed the plants in an area of Mesa Verde National Park. She helped pass a law protecting the Colorado columbine.

1932
Hazel earned her doctorate from the University of Chicago.

1938
Hazel opened the Range View Ranch near Ward.

1990
Hazel died.

Bibliography

Cracraft, Jane. "At Home in the High Country." *Denver Post*, May 4, 1967.

"Hazel Marguerite Schmoll." *Boulder Daily Camera*, February 2, 1990.

Hazel Schmoll Collection. Carnegie Branch for Local History, Boulder Public Library.

Melrose, Frances. "They Picked the Hills Clean Back in 1911." *Rocky Mountain News*, July 22, 1984.

Schmoll, Hazel. "Hazel Marguerite Schmoll, Ward, Colorado." For *A Midwestern Family, 1848–1948* by John Hauberg. Rock Island(?), Illinois, 1950. Manuscript at the Carnegie Branch for Local History, Boulder Public Library.

Schmoll, Hazel. "Hazel Marguerite Schmoll, Ward, Colorado." Autobiographical essay dated December 27, 1954. Manuscript at the Carnegie Branch for Local History, Boulder Public Library.

Schmoll, Hazel. Interview by Rachel Homer of the Boulder County History Project of the Boulder Public Library, 1977.

Schmoll, Hazel. Letter to Marian Keim, January 14, 1959.

Index

Astragalus schmolliae, 15

Boulder, Colorado, 6, 8

Chimney Rock National
   Monument, 14
Colorado Mountain
   Club, 17
Colorado State Museum,
   14, 21
columbine (flower), 1,
   16–19, 21

Fairhurst, Emma, 13

Mesa Verde National
   Park, 14

Range View Ranch, 20,
   21

Schmoll, Hazel
   childhood, 2–6
   death, 21
   education, 8, 10, 14
   parents, 2–4, 6, 8, 10
   state botanist, 14

University of Chicago, 11
University of Colorado,
   10

Vassar College, 10, 11,
   13

Ward, Colorado, 2, 3,
   6, 8

About This Series

In 2008 Colorado Humanities and Denver Public Schools' Social Studies Department began a partnership to bring Colorado Humanities' Young Chautauqua program to DPS and to create a series of biographies of Colorado historical figures written by teachers for young readers. The project was called Writing Biographies for Young People. Filter Press joined the effort to publish the biographies in 2010 under the series title Great Lives in Colorado History.

The volunteer teacher-writers committed to research and write the biography of a historic figure of their choice. The teacher-writers learned from Colorado Humanities Young Chautauqua speakers and authors and participated in a four-day workshop that included touring three major libraries in Denver: The Stephen H. Hart Library and Research Center at History Colorado, the Western History and Genealogy Department in the Denver Public Library, and the Blair-Caldwell African American Research Library. To write the biographies, they used the same skills expected of students: identify and locate reliable sources for research, document those sources, and choose appropriate information from the resources.

The teachers' efforts resulted in the publication of thirteen biographies in 2011 and twenty in 2013. With access to the full classroom set of age-appropriate biographies, students will be able to read and research on their own, learning valuable research

☞ *Hazel Schmoll* 31

and writing skills at a young age. As they read each biography, students will gain knowledge and appreciation of the struggles and hardships overcome by people from our past, the time period in which they lived, and why they should be remembered in history.

Knowledge is power. The Great Lives in Colorado History biographies will help Colorado students know the excitement of learning history through the life stories of heroes.

Information about the series can be obtained from any of the three partners:

Filter Press at www.FilterPressBooks.com
Colorado Humanities at www.ColoradoHumanities.org
Denver Public Schools at curriculum.dpsk12.org

Acknowledgments

Colorado Humanities and Denver Public Schools acknowledge the many contributors to the Great Lives in Colorado History series. Among them are the following:

The teachers who accepted the challenge of writing the
    biographies
Dr. Jeanne Abrams, Director of the Rocky Mountain Jewish
    Historical Society and Frances Wisebart Jacobs subject
    expert
Paul Andrews and Nancy Humphry, Felipe and Dolores Baca
    subject experts
Dr. Anne Bell, Director, Teaching with Primary Sources,
    University of Northern Colorado
Analía Bernardi, Spanish Translator, Denver Public Schools
Mary Jane Bradbury, Colorado Humanities Chautauqua
    speaker and Augusta Tabor subject expert
Joel' Bradley, Project Coordinator, Denver Public Schools
Sue Breeze, Colorado Humanities Chautuaqua speaker and
    Katharine Lee Bates subject expert
Betty Jo Brenner, Program Coordinator, Colorado Humanities
Tim Brenner, editor
Margaret Coval, Executive Director, Colorado Humanities
Michelle Delgado, Elementary Social Studies Coordinator,
    Denver Public Schools
Jennifer Dewey, Reference Librarian, Denver Public Library,
    Western History Genealogy Department
Jen Dibbern and Laura Ruttum Senturia, Stephen H. Hart
    Library and Research Center, History Colorado
Coi Drummond-Gehrig, Digital Image Sales and Research
    Manager, Denver Public Library

☞ Hazel Schmoll 33

Susan Marie Frontczak, Colorado Humanities Chautauqua speaker and Young Chautauqua coach

Tony Garcia, Executive Artistic Director of El Centro Su Teatro and Rodolfo "Corky" Gonzales subject expert

Melissa Gurney, City of Greeley Museums, Hazel E. Johnson Research Center

Jim Havey, Producer/Photographer, Havey Productions, Denver, Colorado

Josephine Jones, Director of Programs, Colorado Humanities

Jim Kroll, Manager, Western History and Genealogy Department, Denver Public Library

Steve Lee, Colorado Humanities Chautauqua speaker and Otto Mears subject expert

April Legg, School Program Developer, History Colorado, Education and Development Programs

Nelson Molina, Spanish language editor and translation consultant

Terry Nelson, Special Collection and Community Resource Manager, Blair-Caldwell African American Research Library and Fannie Mae Duncan subject expert

Jessy Randall, Curator of Special Collections, Colorado College, Colorado Springs, Colorado

Eima Ruiz, K–5 Social Studies Coordinator, Denver Public Schools, 2005–2009

Keith Schrum, Curator of Books and Manuscripts, Stephen H. Hart Library and Research Center, History Colorado

William Thomas, Pike Peak Library District

Danny Walker, Senior Librarian, Blair-Caldwell African American Research Library

Dr. William Wei, Professor of History, University of Colorado, Boulder, and Chin Lin Sou subject expert

About the Author

Penny Cunningham was born in Colorado and enjoyed a childhood in the mountains west of Boulder. Her mother introduced her to books about Colorado history, which became a lifelong interest. Hazel Schmoll's guest ranch was a short walk from Penny's home. When Penny interviewed Hazel for an eighth grade social studies project, she learned that Hazel had accomplished much more in her life than running a guest ranch. Penny discovered that Hazel, like she, loved growing up in the Colorado mountains. As Anne of Green Gables would say, Penny and Hazel were "kindred spirits."

Penny has been a teacher since 1983. She has taught in Denver Public Schools since 1997 as a teacher librarian, classroom teacher, intervention teacher, and tutor.

Hazel Schmoll

Botánica de Colorado

Hazel Schmoll

Botánica de Colorado

por Penny Cunningham

Filter Press, LLC
Palmer Lake, Colorado

Hazel Schmoll
por Penny Cunningham

A mi padre, Gerry Cunningham, quien me inculcó el aprecio por las montañas. A mi madre, Ann Cunningham, quien me enseñó acerca de muchas mujeres independientes de la montaña que vivieron en el pasado y me presentó a muchas del presente.

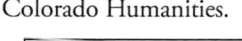

ISBN: 978-0-86541-175-3
LCCN: 2013947117

Producido con el apoyo de la organización Colorado Humanities y el fondo National Endowment for the Humanities. Las opiniones, hallazgos, conclusiones o recomendaciones expresadas en la presente publicación no necesariamente representan los de la organización Colorado Humanities o los del fondo National Endowment for the Humanities.

Foto de portada cortesía de la Colección de la Sociedad Histórica de Boulder de la Biblioteca Carnegie Branch Library for Local History

Impreso en los Estados Unidos de América

Publicado por Filter Press, LLC, en cooperación con las Escuelas Públicas de Denver y la organización Colorado Humanities.

Grandes vidas de la historia de Colorado

Augusta Tabor por Diane Major

Barney Ford por Jamie Trumbull

Benjamin Lindsey por Gretchen Allgeier

Bill Hosokawa por Steve Walsh

Charles Boettcher por Grace Zirkelbach

Chief Ouray por Steve Walsh

Chin Lin Sou por Janet Taggert

Clara Brown por Suzanne Frachetti

Doc Susie por Penny Cunningham

Elbridge Gerry por Jennifer L. Buck

Emily Griffith por Emily C. Post

Enos Mills por Steve Walsh

Fannie Mae Duncan por Angela Dire

Felipe and Dolores Baca por E. E. Duncan

Florence Sabin por Stacey Simmons

Frances Wisebart Jacobs por Martha Biery

Hazel Schmoll por Penny Cunningham

Helen Hunt Jackson por E. E. Duncan

Kate Slaughterback por Lindsay McNatt

Katharine Lee Bates por Monique Cooper-Sload

John Dyer por Jane A. Eaton

John Routt por Rhonda Rau

John Wesley Powell por Suzanne Curtis

Josephine Aspinwall Roche por Martha Biery

Justina Ford por K. A. Anadiotis

Little Raven por Cat DeRose

Otto Mears por Grace Zirkelbach

Ralph Carr por E. E. Duncan

Richard Russell por Christine Winn

Robert Speer por Stacy Turnbull

Rodolfo "Corky" Gonzales por Jorge-Ayn Riley

William Bent por Cheryl Beckwith

Zebulon Montgomery Pike por Steve Walsh

Contenido

La mujer a quien le encantan
las flores silvestres 1
La vida en un campo minero 3
Una buena educación 10
Los derechos de las mujeres 15
La colombina de Colorado 20
La hacienda Range View Ranch 24

Preguntas para reflexionar 28
Preguntas para los integrantes del
programa Young Chautauqua . . . 28
Glosario 29
Línea cronológica 32
Bibliografía 34
Índice 35
Acerca de esta serie 36
Reconocimientos 38
Acerca de la autora 40

Hazel Marguerite Schmoll, 1890–1990

Hazel utilizaba un microscopio y libros de botánica para identificar las plantas que recogía. Identificó más de 10.000 plantas mientras trabajó como botánica en el Museo del Estado de Colorado.

La mujer a quien le encantan las flores silvestres

A Hazel Schmoll le gustaban tanto las flores silvestres de Colorado que pasó toda su vida estudiándolas y compartiendo los conocimientos que tenía sobre estas. Fue una **guía naturalista**, una profesora universitaria, una **botánica** y propietaria de una **finca turística** en las montañas. Solía decir que la gente necesitaba lugares a donde poder escapar de la multitud y refrescarse con la naturaleza. Pensaba que la gente era más amable y gentil cuando pasaba tiempo allí. Uno de sus más importantes aportes a Colorado fue la protección de la colombina. A la gente le gustaban tanto las flores blancas y **lavanda** que recogían tantas como pudieran cargar en los brazos. Pronto las flores comenzaron

a desaparecer de las praderas y laderas. Hazel ayudó a aprobar una ley que las protegía, evitando así que fueran destruidas.

La vida en un campamento minero

En 1892, cuando Hazel tenía dos años, sus padres siguieron la **fiebre del oro** y se mudaron de una **finca** en las planicies de Kansas al ajetreado pueblo de montaña de Ward, Colorado. Los silbatos de las cincuenta y dos minas sonaban tres veces al día llamando a los mineros al trabajo. Los mineros cavaban y extraían millones de dólares en oro de las colinas. Las vacas, los cerdos y los asnos deambulaban por las calles. En Ward había cinco hoteles, tres restaurantes, dos iglesias, una escuela y la ópera McClelland Opera House, que ofrecía presentaciones itinerantes y bailes semanales.

El padre de Hazel trabajó un mes en las minas antes de decidir que prefería pasar su vida al aire libre que bajo tierra. Abrió una **caballeriza**, que pronto tuvo dieciséis caballos y varias **calesas**. Alquilaba los caballos y las

calesas a todo aquel que lo necesitara. También ganaba dinero entregando provisiones a las fincas y haciendas que se encontraban alrededor de Ward.

En 1898, llegó la vía ferroviaria a Ward. Hazel nunca olvidó el sonido del silbato del primer tren a medida que tomaba la curva y entraba a la estación de tren. El tren facilitaba a los **turistas** desplazarse desde las planicies hasta las montañas. El padre de Hazel utilizaba sus caballos y calesas para llevar a los turistas hasta sus hoteles y fincas turísticas. En ocasiones, los turistas lo contrataban para que los llevara en excursión a cabalgar por los apacibles valles y lagos que rodeaban el ajetreado pueblo minero. Como conocía tan bien las montañas, a menudo ayudaba a rescatar excursionistas heridos o perdidos.

Hazel no creía que alguien pudiera tener una mejor infancia que la suya. Ella y los otros niños de Ward estaban demasiado ocupados como para aburrirse. Les encantaba recoger

ráspanos y pequeñas fresas que crecían en las laderas. También buscaban piedras coloridas en las pilas de rocas que las minas descartaban para vendérselas a los turistas. A Hazel le gustaba cocinar y coser. También le encantaba la música. Tocaba el piano y le gustaba mucho bailar. Decía que "el ritmo de la música le da a uno una gracia que ninguna otra cosa puede dar". En la escuela, los estudiantes bailaban durante el receso, y el pueblo organizaba bailes en la plaza todas las semanas.

Desde que tenía cuatro años, Hazel ayudó a su familia a ganar dinero vendiendo la leche de su vaca a los vecinos. Los vecinos le compraban a la madre los boletos para la leche. Hazel repartía la leche dos veces al día en pequeñas cubetas de metal y recogía los boletos. Hizo este trabajo durante toda su niñez.

A menudo, Hazel y su madre montaban los hermosos ponis junto con su padre y lo acompañaban a entregar los pedidos. El

cariñoso perro negro que tenía Hazel se sentaba en la montura frente a ella. Durante estas cabalgatas, su padre le enseñaba sobre las flores silvestres que veían. Lo más importante que le enseñó fue observar con detenimiento los detalles más pequeños sobre las plantas y a tomar notas como un científico. Algunos turistas que venían a Ward eran botánicos, o sea, los científicos que estudian las plantas. Hazel los seguía a todas partes, haciéndoles

Cortesía de la Colección de la Sociedad Histórica de Boulder de la Biblioteca Carnegie Branch Library for Local History

Hazel a los once años y Dimple, su poni, se preparan para una cabalgata con la madre de Hazel. La mayoría de las niñas usaban vestidos en 1901, cuando se tomó esta fotografía. Hazel usaba pantalones para montar a Dimple.

preguntas y aprendiendo de ellos.

En ocasiones, la madre de Hazel le preparaba la vianda de almuerzo y Hazel se iba a cabalgar sola en el poni. Conocía un lugar especial donde había caído un árbol que atravesaba el arroyo. "Me subía allí y almorzaba y sacaba un poco de agua para beber con un tarro que empleaba como taza. Eso era lo que más me gustaba hacer".

El 23 de enero de 1900, cuando Hazel tenía nueve años, un incendio devastador destruyó prácticamente todo el pueblo de Ward. A la mañana siguiente, donde hasta el día anterior había habido casas y comercios atestados de gente atareada, ahora solo quedaban pilas humeantes de madera carbonizada. Solo quedaban en pie las iglesias, la escuela y unas pocas edificaciones al borde del pueblo. Cuando llovió, las cenizas del incendio fueron arrastradas a lo largo del cañón hasta alcanzar Boulder. La gente de Boulder envió una carga de tren con comida

y provisiones para ayudar. Los habitantes de Ward se pusieron manos a la obra para reconstruir el pueblo.

La caballeriza del Sr. Schmoll se quemó por completo. Durante el incendio, los atemorizados caballos intentaron regresar hasta el interior del establo porque era donde se sentían a salvo. Finalmente, los caballos fueron arreados hasta un lugar seguro. La familia de Hazel tuvo suerte. Su padre era un buen comerciante y había guardado dinero para reconstruir su caballeriza, de modo que continuó teniendo muchos clientes. Incluso después de que se acabó el oro y se cerraron las minas, los turistas continuaban llegando a la estación de tren. Necesitaban que alguien los trasladara hasta las fincas turísticas y que un guía les enseñara las maravillas de las Montañas Rocosas.

*Así lucía básicamente el pueblo de Ward, Colorado, cuando
la familia Schmoll se mudó a él en 1892.*

Una buena educación

La madre de Hazel quería que su hija recibiera una buena educación. En 1900, la escuela de Ward tenía sesenta y cuatro estudiantes de primer a octavo grado. Los pueblos pequeños a menudo tenían maestros que no contaban con formación universitaria. Los habitantes de Ward estaban orgullosos de tener al profesor H. O. Robbins, un egresado universitario, como uno de los dos maestros para sus niños. Más adelante, cuando Hazel fue a la universidad conoció a estudiantes de muchos lugares. Allí se dio cuenta de que había aprendido mucho más de **gramática** y **geografía** con el profesor Robbins en su pequeña escuela de montaña que muchos otros estudiantes en las escuelas de sus grandes ciudades.

En 1904, Hazel se graduó de octavo grado. Como la mayoría de los pueblos pequeños,

Hazel y las otras jóvenes de su clase usaban vestidos blancos y llevaban flores silvestres en su graduación de la escuela de Ward en 1904.

Ward no tenía una escuela preparatoria. Los estudiantes tenían que ir y venir por Left Hand Canyon para asistir a la escuela preparatoria de Boulder. En 1909, Hazel se graduó de la escuela preparatoria.

La madre de Hazel trabajaba duro cosiendo para otras personas a fin de ganar más dinero para pagar la educación universitaria de su hija. Hazel fue aceptada en la Universidad de Colorado en Boulder. Le encantaba estar alrededor de gente interesante que compartía su mismo gusto por el aprendizaje. Sabía mucho de flores y de cómo hacer observaciones científicas. Esto hizo que la botánica, que consiste en el estudio de las plantas, fuera la elección ideal para sus estudios universitarios. También estudió docencia para poder enseñar a otros sobre la naturaleza. En 1913, obtuvo un título de la Universidad de Colorado.

Hazel se presentó a un trabajo de docente en la universidad Vassar College, que se

encontraba al otro lado del país, en Nueva York. Vassar solo contrataba a los mejores docentes, de modo que se sintió muy satisfecha cuando obtuvo el trabajo. Como muchos profesores, nunca dejaba de estudiar y de aprender. Durante sus cuatro años en Vassar, asistió a clases y conferencias de muchos de los mejores científicos, artistas y autores del mundo. Se unió al Wake Robin Club, un grupo al que le gustaba el estudio de la naturaleza.

Hazel se fue de Vassar a la Universidad de Chicago, donde estudió un nuevo tipo de ciencia denominada botánica ecológica, que es el estudio de las plantas en su hábitat natural. En 1919, obtuvo su maestría en botánica ecológica. En 1925, viajó a Europa para visitar muchos **jardines botánicos** famosos y para aprender sobre las plantas que crecían en Europa. Luego regresó para profundizar sus estudios en la Universidad de Chicago. En 1932, se convirtió en la primera mujer

que obtuvo allí un **doctorado** en botánica ecológica. Así, Hazel había recibido el grado universitario más alto posible, aunque sabía que nunca dejaría de aprender sobre plantas y flores silvestres.

Los derechos de las mujeres

A principios de la década de 1900, se esperaba que las mujeres se vistieran y comportaran de determinada manera. Tenían que usar vestidos siempre. Cuando montaban a caballo, usaban sillas especiales que mantenían sus piernas de un mismo lado del caballo. Aunque hubieran ido a la universidad, no se esperaba que consiguieran trabajos. En vez de ello, se esperaba que se casaran y pasaran su vida cuidando de su familia y su hogar.

Las mujeres **pioneras** que venían iban al oeste seguían muchas de estas reglas. Sin embargo, la vida era diferente en estos toscos poblados nuevos. A menudo, las mujeres se sentían libres para hacer cosas que no se aceptaban en los estados del este más asentados. Hazel usaba vestidos, pero también

vestía pantalones y usaba una montura común para andar en su poni. Los propietarios de caballerizas como su padre se dieron cuenta de que las sillas de montar especiales no eran buenas para los caballos e incentivaban a las mujeres a que usaran falda pantalón o pantalones y monturas comunes. La tía de Hazel, Emma Fairhurst, era un ejemplo de una mujer que trabajaba fuera de su casa. Era una empresaria que había construido y administraba el reconocido Columbia Hotel en Ward. En Colorado, las mujeres tuvieron derecho al voto antes que las mujeres de los estados del este. En 1893, Colorado se convirtió en el segundo estado en permitir que las mujeres votaran.

Cuando Hazel se fue a Nueva York a enseñar en Vassar College, se dio cuenta de que la libertad de la que gozaba en Colorado no se había extendido a todo el país. Las mujeres de Vassar la **envidiaban** porque podía votar en una elección en Colorado. En Nueva

York, ayudaba a los estudiantes de Vassar a recorrer casa por casa y hablar con la gente sobre la importancia de conceder a las mujeres el derecho al voto. Muchas personas quedaban atónitas porque las mujeres en ocasiones llevaban pantalones en lugar de vestidos. Años después, el 26 de agosto de 1920, se aprobó la Decimonovena Enmienda de la **Constitución** de los Estados Unidos. Esta otorgaba a las mujeres el derecho al voto en todo el país.

En 1919, luego de que Hazel obtuviera su maestría, regresó a Colorado y fue contratada como la botánica del estado de Colorado. Ya no enseñaba pero empleaba sus conocimientos de botánica de muchas otras maneras. En el Museo del estado de Colorado, identificó y exhibió una colección de más de 10.000 plantas. Cuando el museo cerró, estas plantas fueron enviadas a la Universidad de Colorado y a la Universidad Estatal de Colorado, donde los científicos aún las usan.

Una de las tareas de un botánico es

identificar todas las plantas que crecen en un área; esto se denomina un análisis estadístico botánico. Hazel había hecho un análisis estadístico botánico en un bosque en Illinois como requisito para su maestría. Utilizó esta experiencia para relevar dos áreas en Colorado: la del monumento nacional Chimney Rock National Monument en 1924 y el parque nacional Mesa Verde National Park en 1925. Mientras trabajaba en el reconocimiento del parque nacional Mesa Verde National Park, descubrió una planta verde y liviana con flores de color blanco cremoso. Se le dio el **nombre científico** de *Astragalus schmolliae* en su honor. (Observa con atención el apellido de Hazel escondido en el nombre de la planta.)

Hazel era muy buena en su trabajo. Sin embargo, algunas personas pensaban que las mujeres no debían trabajar como científicas. Al principio, algunos hombres con los que trabajaba no eran amables. En una ocasión, se enfadó tanto que no fue a trabajar por

una semana. Pasó ese tiempo en la finca de su padre cerca de Ward. La belleza de las montañas le dio la fuerza necesaria para regresar al trabajo. Al final, su conocimiento y arduo trabajo se ganaron el respeto de todos. Fue incluida en el libro *American Men of Science*. El título del libro muestra que no se esperaba que las mujeres fueran científicos importantes.

La colombina de Colorado

El 17 de abril de 1891 era el Día del Árbol, un día que se reserva cada año para celebrar los árboles y la naturaleza. En Colorado, las actividades incluían un concurso para que los estudiantes eligieran una flor del estado.

La colombina color blanco y lavanda ganó fácilmente con 15 mil votos. El cactus seguía en un distante segundo lugar con solo 1.027 votos. Todos sabían que la colombina había sido elegida pero los legisladores olvidaron reconocerla oficialmente mediante la aprobación de una ley. Ocho años después, en 1899, un club de mujeres se dio cuenta de este problema y habló con un senador estatal. Este se aseguró de que la asamblea legislativa aprobara una ley sobre la colombina y, así,

Colorado finalmente tuvo una flor oficial del estado.

Como las colombinas eran tan hermosas y fáciles de encontrar, a veces las personas recogían grandes cantidades para llevarse a casa. A menudo arrancaban las plantas de raíz y, así, las destruían. A la gente le encantaba la colombina pero no se detenían a pensar en el hecho de que si recogían demasiadas, la planta se podría **extinguir**. Por ejemplo, en el verano de 1911 un tren lleno de gente recogió 25 mil colombinas cerca de la ciudad de Silverton y la gente se llevó las flores de regreso a Denver para utilizarlas como decoración en una convención importante.

Hazel observó que a medida que pasaban los años crecían cada vez menos colombinas. Ella pertenecía al Colorado Mountain Club, un grupo de personas a quienes les gustaba caminar y acampar en las montañas. El club tenía un Comité de Protección de la Naturaleza que enseñaba a la gente a disfrutar

En 1899, la colombina blanca y lavanda fue nombrada como la flor del estado de Colorado. Años más tarde, Hazel ayudó a aprobar leyes que protegieran a las colombinas a fin de que pudieran crecer de forma silvestre en Colorado.

de la naturaleza sin destruirla. Cuando el club decidió trabajar para promover una ley que protegiera la colombina, eligieron a Hazel para que dirigiera la iniciativa. Hazel no solo era una experta en las plantas de Colorado, sino que además trabajaba al otro lado de la calle, frente a **capitolio** del estado y podía hablar fácilmente con los legisladores.

Llevó varios años pero en 1925 la ley fue aprobada, y pasó a ser "el deber de los ciudadanos de este estado proteger la colombina blanca y lavanda (...) de su destrucción o desperdicio en forma innecesaria". Todo aquel que no cumpliera con esta ley debía pagar una multa. La ley dio resultado y las soleadas praderas y laderas de Colorado siguen cubiertas de colombinas hasta el día de hoy.

La hacienda
Range View Ranch

Durante sus años investigando las plantas, Hazel contribuyó al conocimiento científico de Colorado. Ahora decidió compartir sus conocimientos y pasión por la botánica de un modo diferente. En 1938, construyó Range View Ranch, una finca turística, en una de las parcelas de la propiedad de su padre. Los huéspedes de la finca recorrían las praderas que ofrecían vistas panorámicas de la cordillera Indian Peaks. Hacían caminatas a través de los sauces hacia el sur de St. Vrain Creek para recoger frambuesas y visitar a los vecinos. Lo mejor de todo era que los huéspedes tenían la oportunidad de montar a caballo en las alturas de las montañas con Hazel. Ella los ayudaba a ver plantas y animales que se habrían perdido sin contar con su experta ayuda y también contestaba todas sus preguntas.

Cada invierno, Hazel se quedaba en su casa en Ward, cerca de la escuela a la que asistió cuando era niña. Durante la Segunda Guerra Mundial incluso enseñó en la escuela, y formó parte del consejo escolar durante muchos años. Se aseguró de que los niños de Ward recibieran una educación tan buena como la de los niños de cualquier otro lugar.

Administraba la finca turística hasta que se jubiló en 1972 y pasaba la mayor parte de su tiempo recorriendo las montañas o sentada en el porche de su casa en Ward. Hasta su muerte a los noventa y nueve años, nunca dejó de compartir su conocimiento y pasión por las montañas con todo aquel que fuera a visitarlas. Su vida ejerció una influencia positiva para muchas personas en Colorado. Ayudó a los huéspedes de Range View Ranch a aprender sobre las montañas y las flores silvestres. Los científicos aún estudian las plantas que preservó mientras trabajó para el Museo del estado de Colorado. La Universidad de

Colorado ofrece a los estudiantes de botánica dinero para sus investigaciones a través de la **Beca Hazel Schmoll de Investigación** en Botánica de Colorado. Más importante aún, las laderas rocosas están cubiertas de colombinas blancas y lavanda gracias a sus esfuerzos.

A los ochenta y cinco años, Hazel disfrutaba de encontrar las flores silvestres que crecían en su tierra cerca de Ward.

Preguntas para reflexionar

- ¿Qué tipo de cosas podía hacer Hazel Schmoll que no estaban permitidas para las mujeres en otras partes del país?

- ¿Además de ir a la escuela, de qué otras formas aprendió Hazel sobre plantas?

- ¿Estás de acuerdo con Hazel cuando decía que "la gente necesita lugares a donde poder escapar de la multitud y refrescarse con la naturaleza". ¿Por qué?

Preguntas para los integrantes del programa Young Chautauqua

- ¿Por qué se me recuerda (o se me debería recordar) en la historia?

- ¿Qué dificultades enfrenté y cómo las superé?

- ¿Cuál es mi contexto histórico (qué otras cosas sucedían en mi época)?

Glosario

Beca de investigación: dinero que se da al estudiante de una universidad para que este realice investigación científica.

Botánica: científica que estudia las plantas.

Caballeriza: lugar donde la gente alquila caballos y vehículos tirados por caballos.

Calesas: vehículos livianos tirados por un caballo que se usan para transportar gente.

Capitolio: edificio donde se reúnen los legisladores.

Constitución: documento que establece las creencias y las leyes básicas de una nación, estado o grupo social.

Doctorado: grado académico más alto que se le da a un estudiante en una universidad o institución de educación.

Envidiaban: querían tener lo que otra persona tenía.

Extinguir: dejar de encontrar con vida.

☞ *Hazel Schmoll* 29

Fiebre del oro: época en la que muchas personas repentinamente se mudan a un nuevo lugar en el que se ha descubierto oro, con la esperanza de enriquecerse. Las más conocidas en los Estados Unidos incluyen la fiebre del oro en California en 1849, la de Pikes Peak en 1858 y la de Klondike en 1897 en Alaska.

Finca: parcela de tierra de los Estados Unidos que se le da a un colono que ha vivido y trabajado la tierra durante algunos años.

Finca turística: hacienda en la que la gente paga para quedarse y pasar su tiempo.

Geografía: estudio de los pueblos, el suelo, el clima y los recursos de la Tierra.

Gramática: reglas sobre cómo usar las palabras correctamente al escribir y al hablar.

Guía naturalista: persona que ayuda a los visitantes a explorar áreas naturales para aprender sobre un entorno.

Jardines botánicos: jardines públicos grandes donde se cultivan y estudian plantas.

Lavanda: color púrpura claro.

Nombre científico: nombre de origen latín o griego que los científicos le dan a una planta o animal. El nombre científico de la colombina azul de Colorado es *Aquilegia coerulea*.

Pioneras/Pionero: alguien que procede de otro país o región y es de los primeros en explorar o colonizar nuevas áreas.

Ráspanos: arándanos silvestres pequeños.

Turistas: personas que viajan a un lugar para pasar allí sus vacaciones.

Línea cronológica

1890
El 23 de agosto nace
Hazel Marguerite Schmoll.

1891
La colombina es nombrada
como la flor del estado de
Colorado.

1892
La familia de Hazel
se muda a Colorado.

1898
Llega la vía ferroviaria
a Ward.

1900
Se incendia la mayor
parte del pueblo de Ward.

1904
Hazel se gradúa de octavo
grado en la escuela de Ward.

1909
Hazel se gradúa de la
escuela preparatoria.

1913
Hazel se gradúa en la
Universidad de Colorado y
comienza a enseñar y
estudiar en Vassar College.

Línea cronológica

1919
Hazel obtiene su maestría de la Universidad de Chicago y comienza a trabaja en el Museo del Estado de Colorado.

1920
Se aprueba la Decimonovena Enmienda que otorga a las mujeres el derecho al voto.

1924
Hazel hace un análisis estadístico botánico de las plantas cerca del Monumento Nacional Chimney Rock.

1925
Hazel hace un análisis estadístico botánico de las plantas en un área del parque Mesa Verde National Park. Colabora para la aprobación de una ley que proteja la colombina de Colorado.

1932
Obtiene un doctorado de la Universidad de Chicago.

1938
Hazel abre la hacienda Range View Ranch cerca de Ward.

1990
Hazel fallece.

Bibliografía

Cracraft, Jane. "At Home in the High Country". *Denver Post*, 4 de mayo de 1967.

"Hazel Marguerite Schmoll". *Boulder Daily Camera*, 2 de febrero de 1990.

Colección Hazel Schmoll. Carnegie Branch for Local History, biblioteca Boulder Public Library.

Melrose, Frances. "They Picked the Hills Clean Back in 1911". *Rocky Mountain News,* 22 de julio de 1984.

Schmoll, Hazel. "Hazel Marguerite Schmoll, Ward, Colorado". *A Midwestern Family, 1848–1948* por John Hauberg. Rock Island(?), Illinois, 1950. Manuscrito en Carnegie Branch for Local History, biblioteca Boulder Public Library.

Schmoll, Hazel. "Hazel Marguerite Schmoll, Ward, Colorado". Ensayo autobiográfico de fecha 27 de diciembre de 1954. Manuscrito en Carnegie Branch for Local History, biblioteca Boulder Public Library.

Schmoll, Hazel. Entrevista por Rachel Homer del Proyecto de Historia del Condado de Boulder de la biblioteca Boulder Public Library, 1977.

Schmoll, Hazel. Carta a Marian Keim, 14 de enero de 1959.

Índice

Astragalus schmolliae, 15

Boulder, Colorado, 6, 8

Colombina (flor), 1,
    16–19, 21
Colorado Mountain
    Club, 17

Fairhurst, Emma, 13

hacienda Range View
    Ranch, 20, 21

monumento nacional
    Chimney Rock, 14

Museo del Estado de
    Colorado, 14, 21

parque nacional Mesa
    Verde National Park, 14

Schmoll, Hazel
    botánica del estado, 14
    educación, 8, 10, 14
    fallecimiento, 21
    infancia, 2–6
    padres, 2–4, 6, 8, 10

Universidad de Chicago,
    11
Universidad de Colorado,
    10

Vassar College, 10, 11,
    13

Ward, Colorado, 2, 3,
    6, 8

Acerca de esta serie

En 2008, la organización Colorado Humanities y el Departamento de Estudios Sociales de las Escuelas Públicas de Denver se asociaron a fin de implementar el programa Young Chautauqua de Colorado Humanities en las Escuelas Públicas de Denver y crear una serie de biografías sobre personajes históricos de Colorado, escritas por maestros para jóvenes lectores. El proyecto se denominó "Writing Biographies for Young People". Filter Press se sumó al proyecto en 2010 para publicar las biografías en una serie que se tituló "Grandes vidas en la historia de Colorado".

Los autores voluntarios, maestros de profesión, se comprometieron a investigar y escribir la biografía de un personaje histórico de su elección. Se informaron sobre el programa Young Chautauqua de Colorado Humanities a través de sus portavoces y participaron en un taller de cuatro días que incluyó el recorrido por tres importantes bibliotecas de Denver: el centro de investigación Stephen H. Hart Library and Research Center en el centro History Colorado, el Departamento de Genealogía e Historia Occidental de la biblioteca Denver Public Library y la biblioteca Blair-Caldwell African American Research Library. Para escribir las biografías, emplearon las mismas destrezas que se espera de los estudiantes: la identificación y localización de recursos confiables para la investigación, la documentación de dichos recursos y la elección de información adecuada a partir de ellos.

El resultado del esfuerzo de los maestros fue la publicación de trece biografías en 2011 y veinte en 2013. Al tener acceso a la colección curricular completa de las biografías elaboradas acorde a su edad, los estudiantes podrán leer e investigar por sus propios medios y aprender valiosas habilidades de escritura e investigación a temprana edad.

Con la lectura de cada biografía, los estudiantes adquirirán conocimientos y aprenderán a valorar las luchas y vicisitudes que superaron nuestros antepasados, la época en la que vivieron y por qué deben ser recordados en la historia.

El conocimiento es poder. Las biografías de la serie "Grandes vidas en la historia de Colorado" ayudarán a que los estudiantes de Colorado descubran lo emocionante que es aprender historia a través de las vidas de sus héroes.

Se puede obtener información sobre la serie a través de cualquiera de los tres socios:

Filter Press en www.FilterPressBooks.com
Colorado Humanities en www.ColoradoHumanities.org
Escuelas Públicas de Denver en curriculum.dpsk12.org/

Reconocimientos

La organización Colorado Humanities y las Escuelas Públicas de Denver agradecen a las numerosas personas que contribuyeron con la serie "Grandes vidas en la historia de Colorado". Entre ellas se encuentran:

Los maestros que aceptaron el desafío de escribir las biografías.

Dra. Jeanne Abrams, directora de la sociedad histórica judía Rocky Mountain Jewish Historical Society, y Frances Wisebart Jacobs, experta.

Paul Andrews y Nancy Humphry, Felipe y Dolores Baca, expertos.

Dra. Anne Bell, directora del programji a Teaching with Primary Sources, University of Northern Colorado.

Analía Bernardi, traductora bilingüe, Escuelas Públicas de Denver.

Mary Jane Bradbury, portavoz Chautauqua de la organización Colorado Humanities, y Augusta Tabor, experta.

Joel' Bradley, coordinador de proyectos, Escuelas Públicas de Denver.

Sue Breeze, portavoz Chautauqua de la organización Colorado Humanitics, y Katharine Lee Bates, experta.

Betty Jo Brenner, coordinadora de programas, organización Colorado Humanities.

Tim Brenner, editor.

Margaret Coval, directora ejecutiva, organización Colorado Humanities.

Michelle Delgado, coordinadora de Estudios Sociales de Enseñanza Primaria, Escuelas Públicas de Denver.

Jennifer Dewey, bibliotecaria de consulta, biblioteca Denver Public Library, Departamento de Genealogía e Historia Occidental.

Jen Dibbern y Laura Ruttum Senturia, biblioteca y centro de investigación Stephen H. Hart Library and Research Center, centro History Colorado.

Coi Drummond-Gehrig, director de Investigación y Ventas de Imagen Digital, biblioteca Denver Public Library.

Susan Marie Frontczak, portavoz Chautauqua de la organización Colorado Humanities y orientadora del programa Young Chautauqua.

Tony Garcia, director artístico ejecutivo de El Centro Su Teatro y Rodolfo "Corky" Gonzales, experto.

Melissa Gurney, Museos de la Ciudad de Greeley, centro de investigación Hazel E. Johnson Research Center.

Jim Havey, Productor/Fotógrafo, Havey Productions, Denver, Colorado.

Josephine Jones, directora de programas, organización Colorado Humanities.

Jim Kroll, director, Departamento de Genealogía e Historia Occidental, biblioteca Denver Public Library.

Steve Lee, portavoz Chautauqua de la organización Colorado Humanities, y Otto Mears, experto.

April Legg, desarrolladora de programas escolares, centro History Colorado, Programas de Educación y Desarrollo.

Nelson Molina, editor de español y asesor de traducción.

Terry Nelson, director de Recursos Comunitarios y Colecciones Especiales, biblioteca Blair-Caldwell African American Research Library, y Fannie Mae Duncan, experta.

Jessy Randall, curadora de Colecciones Especiales, Colorado College, Colorado Springs, Colorado.

Elma Ruiz, coordinadora de Estudios Sociales K–5, Escuelas Públicas de Denver, 2005–2009.

Keith Schrum, curador de libros y manuscritos, biblioteca y centro de investigación Stephen H. Hart Library and Research Center, centro History Colorado.

William Thomas, biblioteca Pikes Peak Library District.

Danny Walker, bibliotecario principal, biblioteca Blair-Caldwell African American Research Library.

Dr. William Wei, profesor de Historia, Universidad de Colorado, Boulder, y Chin Lin Sou, experto.

Acerca de la autora

Penny Cunningham nació en Colorado y gozó de una infancia en las montañas al oeste de Boulder. Su madre la inició a la lectura de libros sobre la historia de Colorado, lo que luego se transformó en un interés para el resto de su vida.

La finca turística de Hazel Schmoll quedaba cerca de la casa de Penny. Cuando Penny entrevistó a Hazel para un proyecto de estudios sociales de octavo grado, descubrió que Hazel había logrado muchísimo más en su vida que la administración de una finca turística. Penny se dio cuenta de que a Hazel, al igual que a ella, le había encantado crecer en las montañas de Colorado. Como diría Anne de Green Gables, Penny y Hazel eran "almas gemelas".

Penny ha sido maestra desde 1983. Ha enseñado en las Escuelas Públicas de Denver desde 1997 como bibliotecaria, maestra de salón de clases, maestra de intervención y tutora.

Acerca de la autora